La Pascua
en todo el mundo

por Shannon Knudsen

ilustraciones de David L. Erickson

yo solo
FESTIVIDADES

ediciones Lerner/Minneapolis

Para todas las personas del mundo que aman la paz
—S.K.

Para mis dos maravillosos hijos y para su madre,
mi extraordinaria esposa
—D.L.E.

Traducción al español: copyright © 2008 por Lerner Publishing Group, Inc.
Título original: *Easter around the World*
Copyright del texto: © 2005 por Lerner Publishing Group, Inc.
Copyright del ilustraciones: © 2005 por David L. Erickson

La edición en español fue realizada por un equipo de traductores hablantes nativos del español de translations.com, empresa mundial dedicada a la traducción.

ediciones Lerner
Una división de Lerner Publishing Group, Inc.
241 First Avenue North
Minneapolis, MN 55401 EUA

Dirección de Internet: www.lernerbooks.com

Library of Congress Cataloging-in-Publication Data

Knudsen, Shannon, 1971–
   [Easter around the world. Spanish]
   La Pascua en todo el mundo / por Shannon Knudsen ; ilustraciones de David L. Erickson.
      p. cm.   —   (Yo solo festividades)
   ISBN 978–0–8225–7791–1 (lib. bdg. : alk. paper)
   1 .Easter—Juvenile literature. I. Erickson, David, ill. II. Title.
GT4935.K5818 2008
394.2667—dc22   2007006308

Fabricado en los Estados Unidos de América
1 2 3 4 5 6 – DP – 13 12 11 10 09 08

Contenido

¿Qué es la Pascua?

La Pascua es una festividad que generalmente se celebra un domingo de marzo o abril. En algunos países también se festeja en mayo. Para los fieles de la religión cristiana, la Pascua es una de las festividades más importantes del año.

Los cristianos creen que Jesús es el hijo de Dios. También creen que Jesús murió y resucitó. En la Pascua se recuerda el día en que Jesús volvió a la vida.

La palabra *Pascua* probablemente viene de una palabra antigua que significa "primavera". La Pascua se festeja en la primavera en muchas partes del mundo. Después de un largo y frío invierno, la Pascua es la época en que damos la bienvenida a la nueva vida y crecimiento que trae la primavera. Mucha gente que no es cristiana la celebra por esta razón.

Las personas de distintas partes del mundo celebran la Pascua de diferentes maneras. Algunas tradiciones se celebran en varias culturas. Otras sólo pertenecen a una sola región. Para las personas que participan en esta festividad especial, la Pascua es una ocasión para festejar, estar junto a la familia y celebrar la nueva vida.

Suecia

¡RING! ¡RING!

Los timbres de las puertas de toda Suecia

suenan el jueves y el sábado

antes de la Pascua.

¿Quién toca el timbre?

¡Las brujas!

Estas brujas de Pascua en realidad

son sólo niñas disfrazadas.

Los antiguos relatos suecos cuentan cómo
en la semana anterior a la Pascua
las brujas se reúnen.
Por eso, las niñas se visten
como brujas en esa ocasión.
A veces, también los niños se disfrazan.

Las pequeñas brujas usan los pañuelos,

faldas y delantales de sus madres.

Se pintan círculos rojos

en las mejillas.

Y algunas llevan un palo de escoba.

Las brujas van de puerta en puerta

y felicitan a sus vecinos por la Pascua.

Cada bruja sostiene una tetera

o cafetera de cobre

para recibir dulces o dinero de regalo.

Las familias suecas
comen la cena de Pascua
el sábado por la noche,
la víspera de la Pascua.
Se dan un festín de pescado,
jamón, cordero y
huevos hervidos de Pascua.

Luego, los niños buscan los huevos
que sus padres escondieron para ellos.
Se oculta un huevo para cada niño.
El huevo no es de verdad.
Está hecho de cartón de colores
y está lleno de dulces deliciosos.

11

Etiopía

En la noche anterior a la Pascua,
los cristianos etíopes llenan sus iglesias.
Allí rezan y cantan durante horas.
Después de la iglesia, todos se dirigen a su
casa a comer.

a amigos y familiares.

La fiesta de Pascua

dura dos días o más.

A menudo incluye carne de carnero.

Como parte de la celebración,

algunas familias leen la Biblia.

Muchas personas juegan al *mancala*.
El *mancala* es un juego de mesa
que tiene fichas,
como las damas o el ajedrez.
Estas fichas pueden ser semillas,
piedras o frijoles.
El tablero, tallado en madera,
tiene huecos o concavidades.
Cada jugador mueve las fichas
de una concavidad a otra,
tratando de capturar las fichas de
los demás jugadores.
El jugador que consiga todas
las fichas gana.

Muchas familias van a la iglesia
la noche anterior a la Pascua.
La misa termina a la medianoche.
Pero todavía no es hora de dormir.
¡Es hora del festín de Pascua!
El plato principal es carne asada.
También hay muchos huevos de Pascua.
El postre es un queso dulce
y cremoso llamado *pashka*.
El *pashka* está cubierto con
nueces y frutas secas.
Es delicioso comerlo con
un pastel de Pascua llamado *kulich*.
El *kulich* se hornea en una lata
para que sea alto.
Está relleno de frutas y nueces
y cubierto con glasé dulce.

Las celebraciones de la Pascua
duran el resto de la semana.
Cuando la gente se encuentra,
se dan tres besos
y se desean felices Pascuas.

Los niños juegan un juego
con los huevos de Pascua.
Cada jugador choca su huevo
contra el del otro jugador.
La persona cuyo huevo se quiebre primero
debe dárselo al contrincante.

Algunos de los huevos de Pascua
más famosos del mundo
provenían de Rusia.
Los fabricaba un joyero
llamado Peter Carl Fabergé.
En 1885, comenzó a hacer hermosos huevos
cada Pascua para los gobernantes de Rusia.
Los hacía con oro, plata y
otros metales preciosos,
y los cubría con gemas deslumbrantes.
La mayoría de sus huevos podían abrirse
y tenían una sorpresa adentro.
Uno tenía un barco de oro.
Otro, un águila hecha con diamantes.
Los huevos creados por Fabergé son
obras de arte conocidas en todo el mundo.

Egipto

La Pascua es un día de júbilo
para los cristianos de Egipto.
Las personas van a la iglesia en la mañana.
Luego, se reúnen con sus familias
para el festín de Pascua.
Comen pavo, cordero y hojas de parra
rellenas con carne y arroz.
Muchos padres obsequian
ropa nueva a sus hijos.
A veces los niños también reciben dinero.

24

Para divertirse, los niños celebran concursos
donde se hacen rodar huevos.
Cada participante hace rodar un huevo
por la ladera de una colina.
El huevo que llega primero
a la base es el ganador.

México

En México, la Pascua comienza temprano.

Durante la semana antes del

domingo de Pascua,

la gente participa en muchos desfiles.

Se ponen disfraces y representan la historia

de los últimos días

de la vida de Jesús.

Después de los desfiles,
una obra llamada la Pasión
relata la muerte de Jesús.
En la Ciudad de México, miles de personas
participan en la Pasión.
Y millones más viajan para ver
la representación.

Muchas personas van a la iglesia
la víspera de Pascua.

Luego, se reúnen en la plaza del pueblo.

Los hombres cuelgan personajes de papel
de vistosos colores.

Algunos representan enemigos
del pueblo mexicano.

Un personaje simboliza el diablo.

¡PUM!

De pronto, los cohetes comienzan a tronar.

Los personajes de papel también explotan
y caen al suelo hechos confeti.

La multitud grita alegremente.

En la mañana de la Pascua,
las campanas de la iglesia
repican enérgicamente.
La gente va a la iglesia.
Después, la plaza del pueblo se llena
nuevamente con familias felices.
Los padres les compran helados,
raspados y globos a los niños.
En algunos pueblos también
hay ferias con juegos mecánicos.

Filipinas

La Pascua en las Filipinas comienza
cuando sale el sol.
Las niñas se disfrazan de ángeles.
Las madres las llevan
a un extremo del pueblo.

Las mujeres y niñas cargan una estatua
de María, la madre de Jesús.
La cara de María está cubierta
con un velo negro.
El velo representa la tristeza de María
porque Jesús ha muerto.

Los muchachos y los hombres van
al otro extremo del pueblo.
Llevan una estatua de Jesús.
Los dos grupos marchan en una procesión
hacia el centro del pueblo.
Cuando se encuentran, colocan las estatuas
de María y Jesús juntas
y los niños entonan canciones de Pascua.

Una de las niñas le quita el velo a María.
Debajo del velo, María sonríe
porque está feliz de ver que su hijo
ha resucitado de entre los muertos.
Se sueltan palomas blancas
como símbolo de paz.
Luego, las familias van juntas a la iglesia
para celebrar la festividad.

Colombia

¡HIIII! ¡HIIII!

Los burros de San Antero tienen

mucho que decir

la víspera de Pascua.

La mayor parte del año,

los burros trabajan intensamente

jalando de carros y arados.

¡Pero en la Pascua, son las estrellas

de un concurso de belleza!

Las familias de campesinos se esfuerzan
para que sus burros luzcan perfectos
para el concurso.
Cada burro lleva un atuendo.
Los burros machos usan trajes y corbatas.
Las hembras lucen vestidos
y sombreros.

¡Y algunas usan traje de baño!

Todo el pueblo va

a ver el concurso de los burros.

El macho y la hembra

más hermosos ganan.

¿Cuál es el premio?

Algo que todo burro desearía ganar.

Los burros más hermosos

no tendrán que trabajar nunca más.

Alemania

Los hogares alemanes se llenan
de adornos brillantes para la Pascua.
Mucha gente pone narcisos amarillos
y flores de cerezo rosadas.
Las flores les recuerdan a todos
que la primavera ha llegado.
Algunas familias colocan ramas de sauce
en un jarrón adentro de la casa.
En esas ramas se cuelgan huevos de colores
para adornar el árbol de Pascua.

En algunas partes de Alemania,

un zorro, una grulla o un cuclillo

traen los dulces de Pascua.

Pero en la mayoría de los lugares,

los niños esperan la visita de

la liebre de Pascua.

El día anterior a la Pascua, los niños

arman pequeños nidos con ramitas y paja.

Esperan que la liebre de Pascua ponga

huevos en los nidos durante la noche.

Algunos niños también hacen un
huevo de Pascua especial para sus padres.
En ese huevo, escriben la promesa
de ayudar con las tareas de la casa.

Temprano en la mañana de Pascua,

los niños corren a ver los nidos

que hicieron el día anterior.

Encuentran conejos de chocolate,

huevos de chocolate y coloridos

huevos de Pascua.

Después de comer sus dulces,

hacen juegos y una búsqueda de huevos.

También entregan a sus padres

los huevos especiales.

Luego, muchas familias van a la iglesia.

El resto del día disfrutan

de una buena comida

y visitan a sus seres queridos.

Juntos comparten la dicha

que la Pascua y la primavera traen.

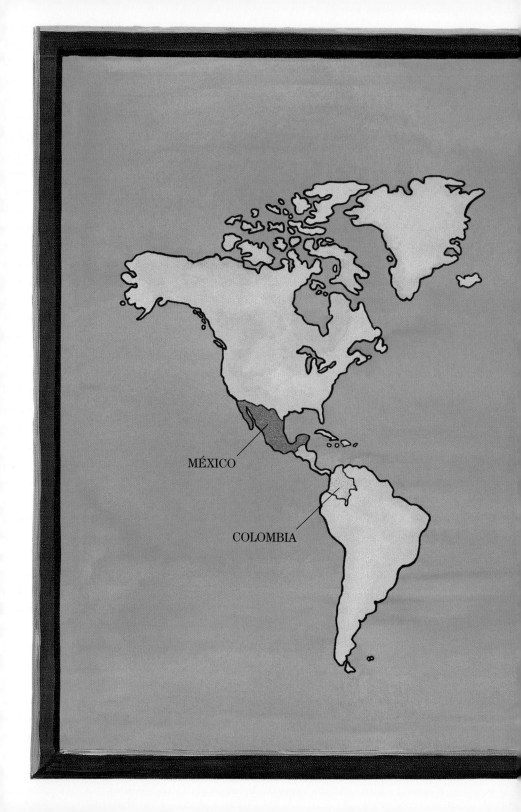

MÉXICO

COLOMBIA

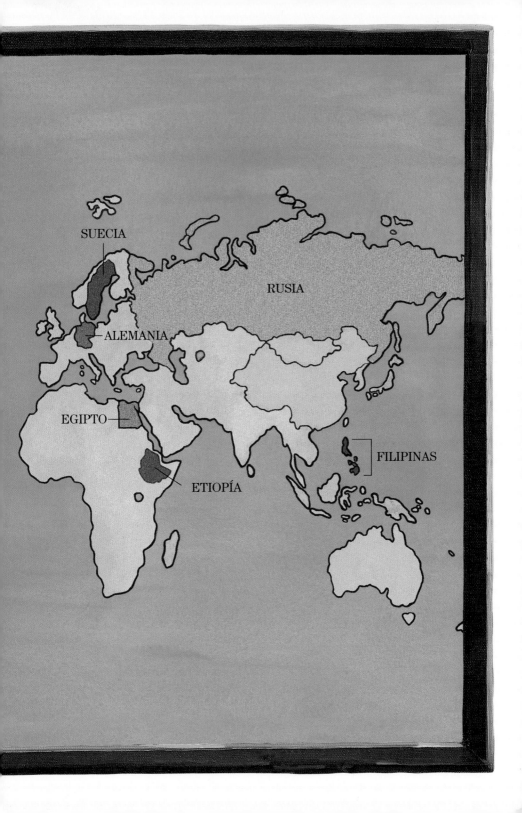

Nidos de Pascua

Para preparar un postre de Pascua diferente, prueba hacer estos pequeños nidos llenos de coloridos huevitos de Pascua. Pídele a un adulto que te ayude.

Necesitarás:

1 taza de trocitos de caramelo de mantequilla (*butterscotch*)

½ taza de mantequilla de cacahuate

2 tazas de fideos *chow mein*

1 cucharada de mantequilla (para enmantecar los dedos)

Frijolitos de dulce o *jelly beans*

1. Coloca los trocitos de caramelo de mantequilla y la mantequilla de cacahuate en un tazón para microondas. Calienta en potencia media durante 3 minutos. Usa una agarradera para sacar el tazón. Mezcla.
2. Si la mezcla no está completamente disuelta, caliéntala nuevamente a temperatura media durante 1 minuto. Mezcla y repite el procedimiento hasta que la mezcla esté completamente disuelta.
3. Agrega los fideos *chow mein*. Mezcla hasta cubrir los fideos.
4. Úntate los dedos con mantequilla. Coloca puñados de la mezcla sobre el papel encerado y moldéalos en forma de nidos.
5. Deja enfriar los nidos. Luego, llénalos con frijolitos de dulce o *jelly beans*.

Esta mezcla alcanza para 6 nidos.